Couvertures supérieure et inférieure
manquantes

LE PETIT-BUGEY

ET LA

MONTAGNE DE L'ÉPINE

LE PETIT-BUGEY

ET LA

MONTAGNE DE L'ÉPINE

I.

Topographie. — État de la question.

La partie de la Savoie désignée anciennement sous le nom de Petit-Bugey occupe, à l'ouest de la chaîne du Mont-du-Chat, tout l'espace compris entre le cours du Rhône et celui du Guiers. La superficie de cette espèce de delta est d'environ 360 kilom. carrés. On y compte de 25 à 26,000 habitants (84 par kilom. carré) répartis entre 35 communes qui sont échelonnées à diverses hauteurs, depuis 230 m. jusqu'à 680 m. au-dessus du niveau de la mer. Elles composent les cantons de Saint-Genix-sur-Guiers, Pont-de-Beauvoisin, Yenne et partie de celui des Echelles.

A part le versant occidental de la montagne de

l'Epine et l'arête rocheuse qui s'étend de la cluse de Chailles à Pierre-Châtel, tout ce territoire, à surface irrégulièrement ondulée, est couvert de champs cultivés, de prairies verdoyantes et de vigoureuses futaies. Ses productions les plus importantes consistent en céréales et en fourrages; les arbres à fruit et toutes les essences forestières y sont également d'une très belle venue. Un sol profond et humide permet à la végétation estivale de braver les plus longues sécheresses.

C'est peut-être aussi, de toutes les parties de la Savoie, celle qui a le mieux résisté au morcellement; on y trouve encore, en grand nombre, des exploitations de 30 à 40 hectares. Cependant, les conditions économiques de la propriété, dans ce district exclusivement agricole, sont loin d'être en rapport avec les éléments de richesse qu'il a sous la main. Le mauvais état de ses voies de communication a été, jusqu'à ces derniers temps, le principal obstacle à sa prospérité.

Aujourd'hui, l'achèvement des parties les plus importantes de son réseau vicinal constitue déjà un progrès sensible; mais ce qui lui manque toujours, ce qui lui est indispensable pour la mise en valeur de toutes ses ressources territoriales, c'est un chemin direct et facile sur Chambéry.

L'importance de ce débouché a été reconnue et itérativement proclamée par tous les administrateurs qui se sont succédé à la tête de la province ou du département depuis 1851. A cette époque, M. l'intendant général Mercier, après s'être assuré, sur les lieux mêmes, qu'il y avait là des intérêts considérables en souffrance, s'occupa activement d'y porter remède par la création, entre Chambéry et Saint-Genix, d'une route charretière qui aurait desservi toute la partie centrale du delta, celle qui a le plus à souffrir de l'état de choses actuel. Les études préliminaires, habilement dirigées par M. Dufour, aboutirent à un projet qui donnait aux populations intéressées la plus large et la plus complète satisfaction. Un tunnel de 1,780 m., traversant la montagne à 450 m. au-dessous de son point culminant, abaissait, dans la mesure du possible, cette barrière difficile à franchir et ouvrait ainsi, à toutes les communes situées par de là, une communication des plus directes et des plus commodes avec le chef-lieu de la province. La mise à exécution ne devait pas tarder ; les bases d'une convention avec M. Penet, représentant d'une Compagnie lyonnaise, étaient arrêtées, lorsque survinrent successivement le projet Reyre, le projet Laffitte, puis les objections du gouvernement français au point de vue de ses intérêts stratégiques, et enfin l'abandon du chemin de fer de Chambéry à Saint-Genix compris dans la loi de 1854, et qui, étant exécuté en conformité de cette loi, aurait remplacé avantageusement la route carrossable du projet Dufour.

Notre annexion à la France, en supprimant toute difficulté internationale relativement à cette ligne, nous fit concevoir l'espérance qu'elle serait remise à l'enquête par l'administration française et promptement exécutée. Dix ans se sont écoulés depuis; nos regards interrogent toujours l'horizon lointain, et toujours nous ne voyons rien venir.

Nos populations, cependant, ne sont pas demeurées inactives pendant cette longue période d'attente; elles ont d'abord reporté leurs vues sur le projet primitif, et en faisant converger tous leurs chemins vicinaux vers le bassin du lac d'Aiguebellette, elles se sont préparées à recueillir immédiatement le bénéfice d'une voie quelconque qui établirait une communication directe entre ce bassin et celui de Chambéry. La plupart des communes, en effet, sont aujourd'hui reliées, par leurs chemins vicinaux, avec la route départementale n° 7, et par celle-ci, avec le pied occidental de la montagne de l'Epine qui n'est qu'à 106 m. d'altitude au-dessus de Chambéry, et à 10 kilom. seulement de distance horizontale. Mais la route actuelle de la montagne étant inaccessible aux voitures, les chargements à destination de Chambéry, pour franchir cette distance de 10 kilom., sont obligés de faire un circuit de 36 kilom., soit qu'ils suivent la route du Mont-du-Chat, soit qu'ils se dirigent sur les Echelles et le Cheval-Blanc. Tel est, aujourd'hui, ou plutôt tel était, il y a six mois, l'état de la question. Depuis lors, elle est entrée dans une phase nouvelle que nous allons étudier, et qui sera, nous aimons à l'espérer, la phase terminale, la phase d'une solution définitive et de nature à concilier, autant que possible, tous les intérêts qui en dépendent.

II.

Les trois solutions.

M. le Préfet de la Savoie, à l'exemple de ses prédécesseurs, s'est vivement préoccupé d'une situation aussi anormale et qui laisse dans un état d'infériorité regrettable celui de nos arrondissements agricoles que sa production en céréales placerait au premier rang. Il a jugé qu'il y avait urgence à y remédier, par l'ouverture d'un débouché direct sur Chambéry, aujourd'hui surtout que les autres parties du département sont toutes reliées avec le chef-lieu par des voies aussi commodes et aussi rapides que le comporte leur position topographique. Grâce à sa haute initiative, cette question, qui a passé par tant de vicissitudes, vient de faire un nouveau pas que l'on peut considérer comme décisif. La nécessité d'une communication autre que celles qui existent, entre la vallée de Novalaise et Chambéry, a été, une fois de plus,

— 8 —

solennellement affirmée par le vote du conseil
général (session de 1869) relatif au raccordement
des chemins de grande communication n° 4 et n° 9
avec la route impériale n° 6, par le col du Crucifix,
Saint-Sulpice et Cognin.

De leur côté, la ville de Chambéry et la plupart
des communes du Petit-Bugey, malgré les charges
déjà très lourdes que la création de la route n° 7 a
fait peser sur elles, ont voté avec empressement
la part de concours qui leur était demandée, à l'ap-
pui du projet.

La nouvelle de son classement et de son exécution prochaine ne pouvait donc manquer d'être
accueillie avec une vive satisfaction. Toutefois, le
tracé soumis au conseil général par le bureau des
agents-voyers prêtait le flanc, sous certains rapports, à de sérieuses objections. M. Scordel, archi-
tecte au Pont-de-Beauvoisin, fut le premier à en
signaler, à M. le Préfet et aux maires des communes intéressées, le côté défectueux, et il proposa
de lui substituer un tracé qui franchirait la montagne à sa base par un tunnel, au lieu de se
développer sur ses flancs

Les lettres de M. Scordel, rendues publiques par
la voie de la presse, ont fait succéder le doute et
l'hésitation à l'enthousiasme de la première heure.

On s'est demandé : si l'exécution du tracé de M.
Chanier réalisera, au profit des populations appe-
lées à en supporter partiellement la dépense, tous

les avantages que le mémoire annexé au projet s'attache à faire ressortir.

On s'est demandé : si le chiffre de cette dépense ne dépassera pas, et de beaucoup, celui qui figure au devis.

On s'est demandé, en conséquence : si l'intérêt bien entendu des communes et du département ne conseillerait point de revenir au tracé de M. Dufour, plus dispendieux *peut-être*, mais qui aurait en sa faveur l'avantage décisif de relier avec Chambéry tout le Petit-Bugey et tout l'arrondissement de la Tour du Pin, par la voie la plus courte et la plus commode, ne s'élevant qu'à l'altitude de 465ᵐ, tandis que le nouveau tracé monte à 915ᵐ, et par là même ne peut offrir, au plus grand nombre des communes, qu'un bénéfice insignifiant, si l'on tient compte et de la longueur du parcours et des frais de traction qu'entraînent les fortes rampes.

Ces questions demandent, on ne saurait en disconvenir, à être sérieusement étudiées sous leurs divers aspects, et ne doivent être résolues qu'après un mûr examen des intérêts multiples qui s'y trouvent engagés : intérêts du présent chargé de pourvoir à la dépense de ce grand travail, intérêts de l'avenir qui en retirera d'autant plus de profits que nous l'aurons exécuté dans de meilleures conditions.

Il est donc à désirer qu'avant de mettre la main

à l'œuvre, on ne laisse dans l'ombre aucune des faces du problème. Il réclame à la vérité une solution prompte, mais, avant tout, il réclame une solution rationnelle et irréprochable, à tous les points de vue.

Les divers projets que l'on a proposés pour le résoudre, à la suite d'études consciencieusement dirigées, peuvent se réduire à trois :

A. Chemin de fer, avec tunnel de 3,300^m entre la cascade de Couz et le lac d'Aiguebellette ; altitude du point culminant, 380^m, 110^m au-dessus de Chambéry.

B. Voie charretière, avec tunnel de 1,780^m entre le plateau de Vimines et le Lacat (Aiguebellette) : altitude du point culminant : 465^m, 195^m au-dessus de Chambéry.

C. Autre voie charretière, s'élevant de Cognin au col du Crucifix, se bifurquant à 1,500^m au delà, pour aller rejoindre le n° 4 à Novalaise et le n° 9 à Aiguebellette ; altitude du point culminant, 915^m (1).

Nous allons chercher dans quelle mesure chacune de ces trois solutions pourrait satisfaire aux données d'un problème ainsi posé : *Ouvrir, entre le*

----

(1) En attendant l'issue des pourparlers établis entre M. le Préfet et la Compagnie du Mont-Cenis, nous nous bornerons à discuter les avantages comparatifs de ces deux dernières voies, dans l'hypothèse où elles seraient desservies par le chemin de fer du système Fell.

bassin de Chambéry et le bassin du lac d'Aiguebellette, une voie de communication, dans des conditions telles, que toutes les communes du Petit-Bugey y trouvent la plus grande somme d'avantages.

III.

Le Chemin de fer.

Au sujet de cette première solution dont les éléments doivent être pris dans la sphère des intérêts généraux, nous n'avons que des faits déjà anciens à résumer et des vœux à émettre. Les études préliminaires auxquelles elle a donné lieu à diverses reprises, ont invariablement abouti à la rive méridionale du lac d'Aiguebellette, comme direction obligée. Dans le projet de la Compagnie Laffitte (1854), le tracé y arrivait par un tunnel de 3,300 mètres, entre la cascade de Couz et le bassin du lac; par un autre tunnel de 2,000 mètres, il s'ouvrait un passage vers Saint-Genix, sous la montagne de Dulin. Le tracé étudié six ans plus tard, par les ingénieurs français, se confondait avec le précédent, depuis Chambéry jusqu'au Gué-des-Planches, et de là se dirigeait, en passant par Saint-Béron et le Pont-de-Beauvoisin, vers Saint-André-le-Gaz, où il devait se souder à la ligne de Grenoble à Lyon. La dépense de sa construction s'élèverait à la somme de 13 à 14 millions pour une longueur approximative de 35 kilom., soit 400 000 fr. par kilom. En présence d'un tel chiffre, il est évident que nos intérêts locaux ne sauraient avoir la prétention de réclamer seuls et à leur profit, l'exécution de l'entreprise; et si ce n'était leur connexion avec d'autres intérêts d'un ordre plus élevé et plus général, nous n'oserions conserver l'espoir qu'elle se réalisera un jour. On conviendra, toutefois, que le Petit-Bugey, s'il était ainsi traversé par un chemin de fer, ne laisserait pas que de fournir un appoint considérable au trafic général.

En ce qui touche au problème énoncé plus haut, on peut dire qu'il se trouverait résolu de la manière la plus heureuse. Reliés par une voie rapide, avec Lyon et Chambéry, c'est-à-dire avec les deux principaux centres de consommation où ils déversent l'excédant de leurs produits agricoles et d'où ils tirent leurs approvisionnements de toute sorte, les cantons de Saint-Genix et du Pont-de-Beauvoisin, et surtout les communes situées dans le bassin du lac, n'auraient plus aucun sujet de plainte, la barrière qui les sépare de Chambéry étant à jamais rompue. Dès lors, la route qu'il est question d'établir, à grands frais, sur les deux versants de la montagne de l'Épine, n'aurait plus sa raison d'être, et le pays se trouverait dégrevé de la part de concours mise à sa charge.

Serait-il vrai, comme plusieurs le pensent, que

la voie ferrée ne peut desservir qu'imparfaitement nos relations avec Chambéry, et ne nous dispenserait pas de songer à la création d'une route charretière ? Au cas où celle-ci serait d'une exécution et d'un parcours faciles, incontestablement il y aurait avantage à l'établir, pour ne pas laisser à la première le monopole des transports. Mais il ne doit plus en être de même, s'il s'agit d'une route très coûteuse qui imposerait d'ailleurs au roulage l'onéreuse obligation d'élever les chargements de la cote de 376 mètres à celle de 915 mètres pour les descendre à Chambéry (270 mètres). En supposant qu'une telle route existât, l'ouverture d'un chemin de fer à travers la montagne la rendrait assurément déserte, ou du moins peu fréquentée par les voitures. Nos agriculteurs préféreraient, à coup sûr, se résigner aux inconvénients des expéditions par petite vitesse et aux délais que se réservent les compagnies de chemins de fer. Et si le projet des agents-voyers les eût trouvés déjà en possession d'une voie rapide, nous ne craignons pas de nous tromper, en affirman que le plus grand nombre de nos communes lui auraient refusé leur concours.

Malheureusement, cette voie rapide, que depuis tant d'années nous avons en perspective, n'a pas encore sa place dans le réseau français. Nous ignorons même si le *veto* dont elle a été frappée en 1854 sera levé un jour; et c'est pourtant ce que, dans les circonstances actuelles, nous aurions un grand intérêt à savoir.

Il est donc très désirable que MM. les députés du Rhône, de la Loire, de la Savoie et du nord de l'Isère, se concertent, pour solliciter de nouveau, en faveur de cette ligne, le decret d'utilité publique.

Certes, les titres ne lui manquent pas pour y prétendre ; elle abrègerait de 38 kilom. le parcours actuel entre Lyon et Chambéry et par le fait même entre la France centrale et l'Italie. La distance de Chambéry à Voiron serait réduite à 66 kilom., au lieu de 88 kilom. par la voie de Grenoble : bénéfice, 22 kilomètres.

Son importance, au point de vue des intérêts généraux, est, d'ailleurs, surabondamment démontrée, par les vœux souvent réitérés de plusieurs départements, par les demandes de concession, et par les études préliminaires dont elle a été l'objet à diverses reprises.

Nous avons ainsi de très graves motifs pour demander qu'il soit enfin donné suite à un projet qui compte vingt ans d'existence, à un projet dont le gouvernement sarde a décrété l'exécution en 1854, et que nos administrations départementales et nos chambres de commerce n'ont jamais perdu de vue, parce qu'elles le regardaient comme le complément nécessaire de la percée des Alpes, en ce qui concerne les relations commerciales du nord de l'Italie avec Lyon et le centre de la France.

Aujourd'hui que le tunnel de Modane marche à grands pas vers son achèvement et que, d'un autre côté, les voies secondaires de notre réseau sont en cours d'exécution sur toute la surface de l'Empire, on ne voit pas ce qui pourrait faire obstacle à la concession de la ligne directe entre Chambéry et Lyon, procurant au commerce un bénéfice de 38 kilom. sur la longueur du parcours.

Les motifs stratégiques invoqués en 1854, à l'encontre de la loi sarde, qui concédait cette ligne jusqu'à la frontière, n'existent plus. L'annexion a placé, en arrière de la chaine de l'Epine, les Alpes des deux Savoies, c'est-à-dire une ceinture impénétrable, un rempart qui ne mesure pas moins de 120 kilomètres de profondeur.

La persistance de l'opposition à cette ligne ne pourrait donc s'appuyer en ce moment que sur la disproportion entre le chiffre de la dépense et le revenu kilométrique que l'on peut en espérer. La question se trouve ainsi transportée sur un autre terrain.

Eh bien! si la statistique, si l'enquête établissent que la construction de cette ligne ne peut donner lieu à un revenu rémunérateur, un moyen se présente, à point nommé, de satisfaire à tous les besoins de la circulation locale entre Chambéry et les quatre cantons du Petit-Bugey, et de résoudre ainsi d'une manière non moins heureuse et sans le secours des grandes compagnies, le problème qui nous préoccupe depuis bientôt un quart de siècle.

IV.

Le Chemin de fer Fell avec tunnel.

Les journaux de Chambéry nous annoncent, en effet, que la compagnie Fell sollicite la concession de notre voie ferrée, et qu'elle se propose de la desservir par ces machines à huit roues, que l'on voit, depuis deux ans, parcourir la route de Saint-Michel à Suse, cotoyer les précipices, tourner sur des courbes d'un très petit rayon, et gravir des rampes de 7 à 8 0[0.

La substitution de ce petit chemin de fer à celui que, dans l'hypothèse la plus favorable, nous devrions attendre bien des années encore, non-seulement ne préjudicierait en rien à nos intérêts, mais elle nous procurerait même une plus grande somme d'avantages. Avec des stations plus rapprochées, et l'expédition plus prompte des marchandises, il se prêterait beaucoup mieux aux exigences d'un trafic local et à petites distances.

Le système Fell peut donc se présenter; il ne recueillera, dans le Petit-Bugey, que des adhésions et de vives sympathies. C'est à la condition, toutefois, qu'il voudra bien tenir compte, dans le choix de son tracé, de l'ensemble des intérêts qu'il est appelé à desservir.

Pour atteindre ce but, la Compagnie Fell n'aura pas à rechercher, par de longs tâtonnements, la direction qu'elle doit donner à son chemin, ni le point par lequel il conviendra de franchir la montagne. Il lui suffira de comparer les divers tracés qui existent et de choisir entre ceux qui ont été jadis acceptés, sans réclamation d'aucune sorte, par toutes les communes de notre district. Le tracé Laffitte, celui des Ponts et Chaussées, celui de M. Dufour sont seuls dans ce cas.

Les deux premiers comprennent de grands tunnels dont on peut se passer, grâce au nouveau système de traction C'est donc dans le tracé Dufour que les ingénieurs de la Compagnie Fell devront puiser les éléments de leurs études. Ils pourront s'en écarter dans la direction à suivre pour monter de Chambéry (270^m) sur le plateau de Vimines (465^m), mais ils seront forcément ramenés vers ce point où la montagne, à hauteur égale, présente la plus faible épaisseur.

Il peut arriver cependant qu'il entre dans leurs vues de s'élever à une plus grande hauteur sur le flanc de la montagne pour diminuer de quelques centaines de mètres la longueur de la galerie, ou même d'en escalader le faîte pour descendre à Novalaise et à St-Genix. Mais alors, et dans ce dernier cas surtout, le tracé ne remplirait que très imparfaitement son objet.

En supposant même que de Novalaise il se replie sur la rive septentrionale du lac pour venir toucher à la Bridoire et au Pont-de-Beauvoisin, il n'offrira encore à la plupart de nos communes qu'un mince bénéfice dans leurs relations avec Chambéry. A plus forte raison. le tracé manquerait-il son but, si, laissant de côte la vallée du lac, il se dirigeait de Novalaise sur Saint-Genix par le col de la Crusille.

D'ailleurs, quelle que soit son aptitude à gravir des rampes de 7 0[0 à 8 0[0, à l'aide du troisième rail, le système Fell préférera toujours accomplir son service sur des pentes douces. Indépendamment de l'économie sur le charbon, il y trouve un autre bénéfice, sur le matériel de la voie, dans les parties du tracé où le troisième rail devient inutile.

Sous ce double rapport, entre les deux projets : celui de Vimines avec tunnel de 1,780 m. à l'altitude de 465 m., et celui de Novalaise par le col du Crucifix à l'altitude de 915 m., la différence est considérable. Le premier n'exigerait, de Chambéry à Saint-Genix. que 8 à 10 kilom. de voie à trois rails, tandis que le second en aurait 29.

Il suffit d'exposer ces faits, pour montrer que la Compagnie Fell, au lieu d'attendre la construction de la route du col pour y placer ses rails, a tout intérêt à s'ouvrir au plus tôt un passage à travers le pied de la montagne, entre Vimines et Aiguebellette, où elle rencontrera la route n° 9, qui conduit au Gué-des-Planches, point le plus bas de la vallée, situé à l'intersection du n° 9 et de la route départementale n° 7. Du Gué-des-Planches, le tracé descendrait à la Bridoire pour gagner le Pont-de-Beauvoisin par Saint-Beron, ou St-Genix, en longeant le cours du Tiers. De ce même point, un embranchement pourrait être dirigé vers Novalaise, et un autre plus important, vers les Echelles, Saint-Laurent-du-Pont et Voiron.

L'idée d'un embranchement du chemin de fer Fell, entre le bassin du lac et Voiron, peut paraître étrange au premier aspect ; mais on ne tardera pas à la regarder comme très sérieuse, si l'on réfléchit au mouvement considérable en voyageurs et en marchandises qui lui serait dévolu : en été, les milliers de touristes qui se rendent à la Grande-Chartreuse ; en toute saison, le commerce des bois du canton de St-Laurent, les matières premières et les produits de la fabrique de liqueurs et des grandes forges de Fourvoirie qui sont en pleine activité, les briques réfractaires de M. Millioz qui s'écoulent sur toute la France, les eaux ferrées que M. le comte Crotti exploite à la Bauche et expédie en bouteilles ; à quoi il faut ajouter l'exportation des céréales, principal produit de cette vallée, et l'importation des vins qu'elle reçoit en totalité du dehors.

Il lui serait facile, en outre, d'attirer sur ses rails le transport des marchandises provenant de Marseille et de tout le midi de la France, à destination de Chambéry et de la Suisse, de celles du moins dont le transbordement exige peu de frais. Voiron en deviendrait l'entrepôt ; par cette voie, le parcours entre Moirans et Chambéry ne serait que de 54 kilomètres ; par la voie de Grenoble et de Montmélian, il est de 82 kilomètres ; différence : 28 kilomètres.

Ces aperçus font ressortir avec la dernière évidence que, sur cet embranchement, la circulation en voyageurs et en marchandises ne le céderait en rien à celle de la ligne principale se dirigeant sur St-Genix et Lyon. Mais il est non moins évident que sa construction, d'ailleurs très facile, suppose le passage de cette dernière ligne à travers la montagne, au midi du lac, et qu'elle ne peut en aucune façon se concilier avec le projet qui aurait Novalaise pour objectif et la cote de 915 m. pour point culminant. Imposer à la Compagnie cette direction, ce serait presque réduire à néant l'intérêt qu'elle peut avoir à transporter son matériel du Mont-Cenis sur la partie occidentale de la Savoie.

De notre côté, nous n'avons pas la prétention de vouloir disposer à l'avance de ses rails pour les placer à notre guise ; mais nous avons pensé qu'il était à propos de mettre en lumière toutes les faces de cette question et de proposer, à ceux qui devront la résoudre, celle de toutes les solutions qui répondrait le mieux, non pas aux convenances particulières de telle ou telle localité, mais bien à l'intérêt général du pays.

Or, en ne considérant que ce côté du problème, il nous parait suffisamment établi que le tracé par le faite de la montagne ne peut soutenir la comparaison avec celui qui la franchit en tunnel, près de sa base, longe la rive méridionale du lac, et se bifurque un peu plus loin pour faciliter, à la fois, les relations commerciales de Chambéry avec toutes les communes du Petit-Bugey, avec Lyon et avec le Midi de la France.

La mise à exécution de ce dernier tracé serait accueillie, nous pouvons le garantir, avec une satisfaction générale, tant en deçà qu'en delà de la montagne de l'Epine. Peut-on en dire autant du premier? Que l'on consulte, à cet égard, l'ensemble des communes dont les intérêts réclament l'ouverture d'une voie de communication directe avec le bassin de Chambéry. Le résultat de l'enquête ne saurait être douteux : elles se prononceront très certainement, à la presque unanimité, pour le tracé d'Aiguebellette. Quinze à vingt d'entre elles ont, à la vérité, admis en principe le tracé de la montagne, et voté des sommes considérables pour concourir à son exécution. Mais il ne faut pas oublier qu'elles n'avaient alors rien de mieux en perspective. L'onéreuse nécessité que leur imposent les voies existantes de doubler la montagne de l'Epine, par le Mont-du-Chat ou par les Echelles, pour transporter leurs denrées à Chambéry, a été cause qu'elles ont attaché trop d'importance à la réduction kilométrique du parcours et pas assez à la somme des pentes et aux frais de traction qu'elles exigent. D'ailleurs, il est juste de dire que même, sous ce dernier rapport et tout calculé, le projet de l'administration procurait un bénéfice appréciable pour Novalaise, Nances, St-Alban et Ayn.

Aujourd'hui la question a complètement changé de face ; il ne s'agit plus de choisir entre le col du Mont-du-Chat ou celui du Cheval-Blanc et le col du Crucifix, mais bien entre ce dernier et le tunnel d'Aiguebellette, offrant à toutes les communes, sans exception, du canton de St-Genix, du canton du Pont-de-Beauvoisin, et à la plupart de celles des cantons d'Yenne et des Echelles, le double avantage de la réduction des pentes et de la diminution kilométrique du trajet.

Il est donc bien avéré qu'un chemin de fer du système Fell, traversant la montagne d'Aiguebellette par le tunnel de 1,780^m. à la côte de 90^m au-dessus du lac, et se bifurquant un peu au-delà pour se diriger d'un côté vers St-Genix et de l'autre vers les Echelles, donnerait une entière satisfaction aux vœux si souvent réitérés de la

ville de Chambéry et des communes du Petit-
Bugey. Au point de vue du trafic local, il pourrait,
en effet, remplacer avantageusement le chemin
de fer projeté en 1854 et nous dispenser tout
aussi bien, et mieux encore que ce dernier, de
la construction d'une voie de terre très coûteuse
et d'un parcours difficile, à raison de la longueur
et du degré des pentes.

Ce tracé comporte cependant une variante qui
consisterait à établir le souterrain entre le sommet
du ravin de Villard-Peron et les marais de Nances.
En adoptant cette direction, on mettrait le chemin
de fer à la portée de la Motte-Servolex, de Novalaise et de toute la partie haute des cantons
d'Yenne et de Saint-Genix. Novalaise, en parti-
culier, ne serait plus qu'à 13 kilom. de Chambéry. Le tracé, se repliant ensuite vers la Bridoire
par la route départementale n° 7, le parcours
entre Chambéry et le point obligé de toutes les
communes des cantons du Pont-de-Beauvoisin et
des Echelles, ne serait d'ailleurs augmenté que
2,000^m environ. Mais il aurait le triple inconvé-
nient d'élever le point culminant de la voie à
175^m au-dessus du niveau du lac, de porter à
2,500^m la longueur de la galerie et d'exiger une
pente de 7 0⟋0 dans sa traversée.

Quoi qu'il en soit, c'est dans l'un ou l'autre
de ces deux tracés qu'il faut chercher la solution
vraie, la solution radicale du problème, à moins

que, par des études techniques complètes, il ne soit constaté que celui des agents-voyers imposerait aux communes et au département des charges beaucoup moins lourdes. Or, il nous parait difficile que l'étude comparative des deux projets puisse conduire à un tel résultat, si l'on fait entrer en ligne de compte, à côté des frais de premier établissement, les frais d'entretien et surtout les frais de traction dont on se préoccupe en général assez peu, par la raison qu'ils retombent à la charge des particuliers. Nous croyons au contraire que leur appréciation, sous ce double aspect, fera ressortir encore la supériorité du tracé en souterrain sur le tracé à ciel ouvert.

V.

Frais de construction du tunnel de 1,780 m. entre Aiguebellette et Vimines.

Il doit être bien entendu qu'il ne s'agit ici que d'un souterrain destiné à donner passage aux machines locomotives du système Fell. La distance des rails n'étant que de 1 m. 10 c., une section de 16 m. carrés nous parait suffisante pour l'établissement d'une voie unique.

Les 16 m. cub., au prix moyen de 20 f., portent le mètre courant à la somme de 320 f. soit pour les 1,780 m. . . . . 569,600 f.

Ajoutons, pour la route d'accès entre le village de Montfort (St-Sulpice)
et l'entrée du tunnel. . . . . . . 30,400 f.

La dépense totale monte à la somme de. . . . . 600,000 f.

Ce chiffre peut être considéré comme un maxi-
mum, pour la section adoptée. Rien, en effet, dans
la constitution bien connue de la montagne d'Aiguebellette, n'autorise à supposer des dépenses
imprévues. Les travaux d'excavation seraient plutôt facilités, tant par la nature de la roche que par
la disposition de ses couches. Celles qui forment le
revêtement extérieur de la base s'appuyent, en
guise de contreforts, sous une inclinaison de 60°
à 70°, contre celles de la partie centrale qui sont
repliées sur elles-mêmes et affectent la forme
d'une voûte. Environ la moitié de la galerie serait
creusée dans une pierre tendre, subcrayeuse, ana-
logue à celle qui est exploitée à l'Echaillon (Isère)
et qui fournit de superbes matériaux de construction. L'autre moitié traverserait des calcaires
d'une dureté moyenne, puis le marbre de Vimines,
un grès bleuâtre et enfin un lambeau de *marc* de
25 à 30 m. d'épaisseur, qui exigerait seul un revêtement en briques ou en moellons. Les travaux
de la route à ciel ouvert se présentent-ils sous des
conditions aussi favorables ? C'est ce que nous
allons examiner.

VI.

Frais de construction de la route à ciel ouvert.

La dépense approximative pour l'établissement du chemin de grande communication, entre Coguin et Novalaise, avec embranchement sur Aiguebellette, a été évaluée à 400,000 fr. pour une largeur de 5 m. 50. Il ne nous appartient pas de discuter, dans ses détails techniques, le projet de MM. les agents-voyers. Nous ferons observer toutefois que l'installation des rails du chemin de fer sur le bord extérieur de la route exigerait que sa largeur fût portée à 8 m. 50 pour les 18 kilom. compris entre la route impériale n° 6 et la tête du n° 4. On peut estimer, sans exagération, à 100,000 fr. l'accroissement de dépense qui en résultera. Il y aura bien aussi de l'imprévu dans la traversée des grands ravins de Saint-Sulpice; il y en aura surtout dans les parties du tracé qui se développent parallèlement à l'axe de la montagne. Les couches étant inclinées de plus de 50°, il faudra, pour asseoir sur leurs flancs une chaussée de 8 m. 50, y pratiquer des entailles profondes.

La tendance de ces couches au glissement est attestée par ces longues traînées de blocs qui recouvrent le sol des plateaux de Vimines et de

Nances, sur une étendue de plusieurs kilomètres carrés. Les coupures établies sur de telles déclivités laisseront-elles dans un état d'équilibre stable les bancs suspendus au-dessus de la route?

Il est permis d'en douter; et ici ce ne seront pas comme au Mont-Cenis des avalanches de neige, mais des avalanches de rochers qui menaceront d'emporter les trains en marche. Quoi qu'il en soit de ces appréhensions qui sont loin d'être purement imaginaires, ce qui est incontestable, c'est que cette partie du tracé présente des difficultés exceptionnelles qui feront monter la dépense bien au-dessus des prévisions. Si jamais on l'exécute, le chiffre du compte définitif dépassera, à coup sûr, la somme de 600,000 fr. qui aurait suffi pour l'ouverture du tunnel.

Il est bon d'ajouter que la distance entre Chambéry et St-Genix, par Aiguebellette, la Bridoire et Belmont, ne serait que de 29 kil., dont 8 seulement exigeraient le rail central. Par l'Epine et Novalaise, elle est de 34 kil., dont 29 à trois rails. La Compagnie du chemin de fer Fell économiserait, en suivant le premier tracé, 5 kil. de voie ordinaire, et serait dispensée, en outre, d'établir le troisième rail sur les trois quarts de la ligne.

VII.

Frais d'exploitation.

Il nous reste à faire voir que, dans l'hypothèse, d'ailleurs peu probable, d'un bénéfice sur les frais d'établissement en faveur de la route à ciel ouvert, nos intérêts non moins que ceux de la compagnie Fell nous conseilleraient encore d'ouvrir un passage au pied de la montagne, soit au midi du lac, pour rejoindre le chemin n° 9, à Aiguebellette, soit au nord, pour aboutir à la route départementale n° 7, près du pont Crotti.

Aucun doute ne peut subsister à cet égard, lorsque l'on compare les frais de traction que la compagnie aurait à supporter, sur chacune des deux lignes qu'on lui propose.

On sait que les machines du système Fell, à l'aide d'un mécanisme ingénieux, sont capables de gravir des pentes de 7 et même de 9 0|0. C'est là sans doute un précieux avantage pour franchir des plateaux dont la base trop élargie ne se prête absolument pas à l'établissement d'un passage souterrain. Nous admettons volontiers qu'elles pourraient faire, à la rigueur, sur les pentes de la montagne de l'Epine, un service analogue à celui qu'elles font actuellement sur la route du Mont-Cenis. Mais il ne faut pas oublier que la dépense en force motrice est toujours proportionnée à la hauteur verticale dont on élève les fardeaux. Les frais de traction sur la route de St-Michel à Suse sont de 3 fr. 35 par kilom., tandis que sur les chemins de fer ordinaires, les grandes locomotives dépensent à peine 1 fr. par kilom. pour trainer des convois trois fois plus lourds. L'exploitation de la ligne de Chambéry à St-Genix s'accomplirait dans des conditions à peu près semblables, si les trains devaient monter au col du Crucifix, pour atteindre Novalaise, et de là au col de la Crusille, pour descendre au niveau du Rhône. Sur des pentes de 6 0/0 en moyenne, il faudrait élever, tant à l'aller qu'au retour, à la hauteur verticale de 800 m., la machine du poids de 20 tonnes (200 quintaux métriques), et son chargement d'un poids à peu près égal, ensemble : 40 tonnes.

Supposez deux doubles trajets par jour, et vous aurez 160 tonnes à élever de 800 mètres, ce qui représente approximativement le travail journalier de 20 *chevaux-vapeur*, soit de 110 chevaux effectifs.

Sur la ligne de Chambéry à Saint-Genix par Aiguebellette, il suffira d'élever les 160 tonnes à 230^m, tant à l'aller qu'au retour et de développer la force de 6 chevaux-vapeur, soit de 33 chevaux effectifs. L'économie annuelle dépasserait 30,000 fr.

Il ressort évidemment de ces considérations que le chemin Fell, prolongeant sa ligne de Saint-

Genix à la Tour-du-Pin ou même jusqu'à Lyon, à travers les riches cantons de Morestel et de Crémieu, créerait une sérieuse concurrence à la Compagnie du Paris-Lyon, pour le transport des voyageurs et des marchandises; qu'il pourrait même survivre à l'établissement de la grande ligne, entre Saint-André-le-Gaz et Chambéry, et réaliser à côté d'elle des bénéfices importants. Mais, c'est à la condition qu'il adoptera le tracé que nous avons indiqué comme le plus économique sous tous les rapports, le plus sûr en toute saison et le plus avantageux pour l'ensemble des populations du Petit-Bugey, le plus avantageux, en même temps, pour la ville de Chambéry qui aurait à y gagner 38 kilom. de parcours sur la direction Lyon-Saint-Étienne et 28 kilom. sur la direction de Valence-Marseille.

V. P.

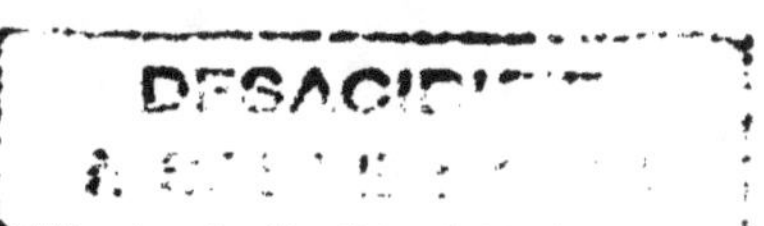

(Extrait du Courrier des Alpes.)

4473 — Chambéry, imp. A. Pouchet.